JUTTA BLÄSIUS

Spielen mit Aktionstabletts

Farben und Formen

HERDER

FREIBURG · BASEL · WIEN

www.herder.de

Umschlaggestaltung: Sabine Ufer
Umschlagfoto und Fotos im Innenteil: Jutta Bläsius
Satz und Gestaltung: Sabine Ufer

Herstellung: Prografix sp. z o.o.
Printed in Poland

ISBN 978-3-451-34856-3

Inhalt

Aktionstabletts für Groß und Klein

Aktionstabletts sind inzwischen aus dem pädagogischen Alltag nicht mehr wegzudenken. Sie haben sich längst als fester Bestandteil des Spielangebots etabliert. Auf kleinstem Raum, nämlich auf einem Tablett, werden den Kindern dabei die unterschiedlichsten Spiel- und Lernmöglichkeiten präsentiert.

Je nach Schwierigkeitsgrad der Aufgabenstellung lassen sich sehr individuelle Angebote gestalten, an die die Kinder entsprechend ihrem Entwicklungsstand anknüpfen und ihr Wissen und ihre Fähigkeiten kennenlernen, überprüfen und erweitern können. Die Idee dazu stammt ursprünglich aus der Montessori-Pädagogik. Alle Angebote fördern die Selbstständigkeit des Kindes und unterstützen es darin, mehr und mehr unabhängig vom Erwachsenen zu werden.

Mit Aktionstabletts spielerisch lernen

Aktionstabletts lassen sich thematisch sehr vielseitig einsetzen. Angebote zu drei unterschiedlichen Bereichen möchte ich Ihnen im Folgenden vorstellen.

Aktionstabletts rund um die Welt der FARBEN

Aktionstabletts können Kinder da abholen, wo sie gerade im Farbenlernprozess stehen und sie entsprechend ihren Fähigkeiten fördern. So machen kleine, spielerische Aufgaben sie mit den Primär-, Sekundär- und Mischfarben vertraut, indem sie die Kinder dazu einladen, diese zu erkennen, zu sortieren, einander zuzuordnen oder Farbabstufungen vorzunehmen.

Aktionstabletts rund um geometrische FORMEN

Unterschiedliche Formen wie Kreise, Drei- und Vierecke kennen Kinder aus ihrem Alltag. Mit entsprechend vorbereiteten Aktionstabletts können sie sich darin üben, diese bewusst wahrzunehmen, voneinander zu unterscheiden, zuzuordnen und die Form als eines von vielen unterschiedlichen Merkmalen eines Gegenstandes zu erkennen (z. B. neben der Größe oder der Farbe).

Aktionstabletts rund um MUSTER UND REIHENFOLGEN

Auch Muster und Reihenfolgen sind fester Bestandteil unseres Alltags. Farben und Formen werden darin aufgegriffen und variiert. Wie sie entstehen, nachgelegt, fortgeführt, abgewandelt oder sogar selbst entworfen werden können, erfahren die Kinder mit entsprechend gestalteten Tabletts. Übungen in unterschiedlichen Schwierigkeitsstufen laden sie dazu ein, Muster in ihrer Vielfalt zu entdecken, sie zu erkunden, damit zu experimentieren und eigene Gestaltungsideen zu verwirklichen.

Kinder haben ein natürliches Interesse daran sich mit Farben, Formen und Mustern zu beschäftigen. Dieses Interesse können Sie mit den hier vorgestellten Angeboten immer wieder aufgreifen und unterstützen.

Kinder lieben Ordnung

Vielfältige Übungen auf Tabletts, bei denen die Kinder z. B. Farben oder Formen sortieren, sie einander zuordnen und Muster gestalten, sind wichtige Spiel- und Lernangebote. Diese Ordnungsübungen mit zunächst wenigen, später komplexeren Ordnungsmerkmalen haben auf Kinder eine beruhigende und entspannende Wirkung. Sie geben ihnen Orientierung und Sicherheit.

Kinder brauchen den Bezug zum Alltag

Knüpfen die Themen an die momentane Lebenswelt der Kinder an, gelingt es ihnen mühelos, sich spielerisch neues Wissen anzueignen: Achten Sie darauf, dass Farben, Formen und Muster im Alltag immer wieder spielerisch aufgegriffen und sprachlich begleitet werden – ob beim Mittagessen oder beim Spaziergang. Nur so können die Kinder die Namen der unterschiedlichen Farben, Formen und Muster lernen, die Begriffe sinnvoll anwenden, üben und schließlich verinnerlichen.

Bieten Sie unterschiedliche Schwierigkeitsstufen an

Damit alle gleichermaßen Freude an der Arbeit mit den Aktionstabletts haben, ist es wichtig, dass sie Aufgabenstellungen in möglichst verschiedenen Schwierigkeitsstufen beinhalten. So fällt es den Kindern leicht, sich schrittweise und in ihrem ganz individuellen Tempo den unterschiedlichen Themen anzunähern.

Sie können sich die Tabletts aussuchen, die beispielsweise besondere Herausforderungen an sie stellen, um daran zu wachsen. Sie können entsprechend ihrem Entwicklungsstand experimentieren, entdecken, was es zu entdecken gibt, und lernen, was als individuelles Lernthema gerade ansteht.

Beobachten Sie die Kinder

Nur indem Sie die Kinder aufmerksam beobachten, gelingt es, an ihre aktuellen Themen anzuknüpfen und ihnen immer wieder „maßgeschneiderte“ und damit interessante Aktionstabletts anzubieten.

Nicht nur die Gestaltung neuer Tabletts, sondern auch der Umgang mit bereits bestehenden Angeboten bedarf einer guten Beobachtung. Mit welchen Tabletts beschäftigen sich die Kinder besonders intensiv? Welche überfordern oder unterfordern sie? Welche werden kaum genutzt, haben ihren Zweck erfüllt und können neuen Ideen Platz machen?

Zeigen Sie, wie es geht

Die besten Aktionstabletts sind die, bei denen Sie möglichst wenig, im allerbesten Fall aber nichts erklären müssen.

Bereiten Sie also jedes Tablett sorgfältig vor und führen Sie die komplette Übung selbst einmal durch. Sind Sie mit dem Ergebnis zufrieden, können Sie das Aktionstablett einführen. Zeigen Sie den Kindern, wie es geht. Führen Sie die Übung langsam und mit deutlichen Bewegungen aus und sprechen Sie nur das Nötigste, damit niemand abgelenkt wird.

Besprechen Sie wichtige Regeln

Besprechen Sie mit der Gruppe die wichtigsten Regeln im Umgang mit den Tabletts. Dazu zählt, dass jede Übung nur in aufgeräumtem Zustand wieder zurück an ihren festen Platz im Regal gestellt wird. Jedes Tablett ist zudem immer nur für ein Kind hergerichtet. Es darf ungestört so lange damit arbeiten, wie es möchte. Damit jeder weiß, wo er welches Tablett schnell findet, ist es ratsam, einen festen Platz dafür festzulegen. Dieser kann mit einem Foto gekennzeichnet sein.

Farben

Wir sind von einer Vielfalt an Farben umgeben. Sie zu erkennen und beim richtigen Namen zu nennen, müssen Kinder im Laufe ihrer Entwicklung erst lernen. Dies gelingt manchen recht schnell, andere wiederum plagen sich damit bis in die Grundschulzeit hinein.

Dabei kann Farbenlernen ganz einfach sein. Der Alltag bietet schließlich unendlich viele Gelegenheiten, um Farben zu entdecken und um darüber zu sprechen.

Des Weiteren eignen sich entsprechend gestaltete Aktionstabletts, um den Farbenlernprozess zu unterstützen. Die Kinder können sich ihrem Entwicklungsstand gemäß darin üben, Farben zu sortieren, sie einander zuzuordnen oder Farbabstufungen vorzunehmen.

Sie trainieren so beispielsweise ihre visuelle Differenzierungsfähigkeit, die eine wichtige Komponente beim Lesen- und Schreibenlernen ist, und üben sich bereits ganz spielerisch in den ersten mathematischen Aufgaben (sortieren, zuordnen, vergleichen etc.).

Mit Farben bauen

◆ **Material:** 8 rechteckige Bauklötze in 8 unterschiedlichen Farben, Karten (selbst hergestellt oder z. B. aus dem Spiel Make 'n' Break), 2 Schälchen, Tablett

Vorher …

Möchten Sie die Karten selbst herstellen, bauen Sie mit den Klötzen beliebige Figuren und fotografieren Sie sie. Laminieren Sie die Karten, damit sie lange haltbar sind.

So geht's

Zeigen Sie dem Kind eine beliebige Karte und machen Sie es auf die Bauklötze in den unterschiedlichen Farben aufmerksam. Legen Sie die Karte auf den Tisch. Suchen Sie nun nach und nach die entsprechenden Klötzchen, um die dargestellte Figur nachzulegen. Am Ende wird die Karte zur Seite gelegt.
Laden Sie dann das Kind ein, sich eine Karte auszusuchen und tätig zu werden.

Tipp

Jüngeren Kindern fällt es leichter, die auf den Karten dargestellten Figuren auf dem Tisch nachzulegen. Ältere Kinder können die Klötzchen aufeinanderstapeln, so wie sie auf den Karten gezeigt sind.

3

Deckel drauf

◆ **Material:** 8–12 Fineliner mit farbigen Deckeln und farbigen Endkappen, kleines Schälchen für die Deckel, Glas o. Ä. für die Stifte, Tablett

Vorher ...

Verwenden Sie am besten Fineliner, die nicht mehr schreiben. Legen Sie die Deckel in das kleine Schälchen. Die Stifte kommen in das Glas.

So geht's

Wählen Sie einen beliebigen Stift aus. Machen Sie das Kind auf die Farbe am Ende des Stiftes aufmerksam. Benennen Sie die Farbe und suchen Sie in dem kleinen Schälchen den dazu farblich passenden Deckel. Setzten Sie ihn auf den Stift.

Laden Sie das Kind dazu ein, sich einen Stift zu nehmen und den passenden Deckel aufzustecken. Haben alle Stifte einen Deckel, werden sie wieder entfernt, damit das nächste Kind direkt mit der Arbeit beginnen kann.

Garnröllchen sortieren

◆ **Material:** Dose mit Nähgarnröllchen, Papier in den Farben des Nähgarns, Schere, Tesafilm, Haarspray, Schälchen, Tablett

Vorher ...

Schneiden Sie von jedem farbigen Papier einen schmalen Streifen ab. Kleben Sie die Streifen außen auf die Dose zu den einzelnen Fächern. Besprühen Sie die Garnröllchen mit Haarspray. Dadurch verkleben die Fäden und lösen sich nicht so leicht vom Röllchen. Legen Sie die Garnröllchen in das Schälchen.

So geht's

Machen Sie das Kind auf die einzelnen Farbsteifen auf der Dose aufmerksam. Nehmen Sie ein beliebiges Nähgarnröllchen. Suchen Sie auf der Dose den Papierstreifen in der passenden Farbe. Stecken Sie das Nähgarnröllchen an der entsprechenden Stelle in die Dose. Tun Sie dies mit einem weiteren Röllchen. Dann kann das Kind auch schon die Arbeit übernehmen.
Sind alle Nähgarnröllchen einsortiert, werden sie am Ende wieder zurück in das Schälchen gelegt. So kann das nächste Kind direkt mit der Arbeit starten.

Info

Hier ist jede Menge Fingerspitzengefühl gefragt, um die Nähgarnröllchen in die entsprechenden Öffnungen zu stecken.

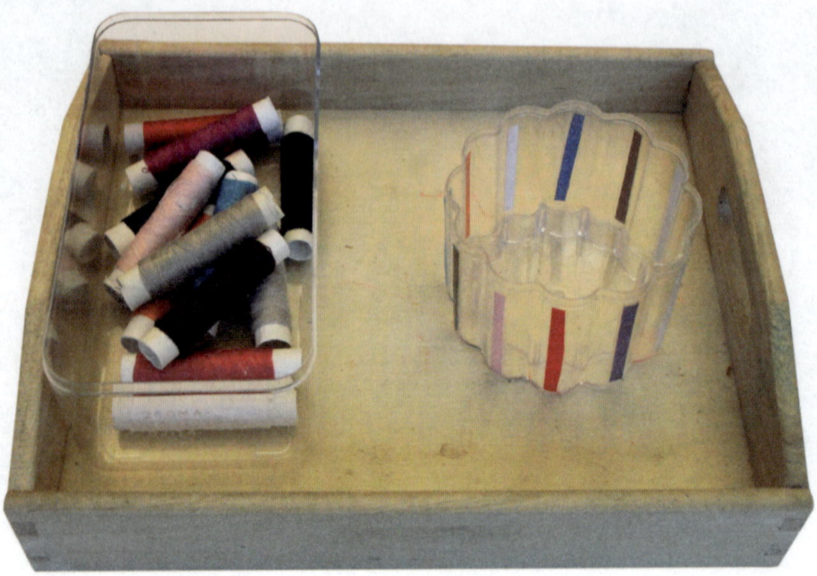

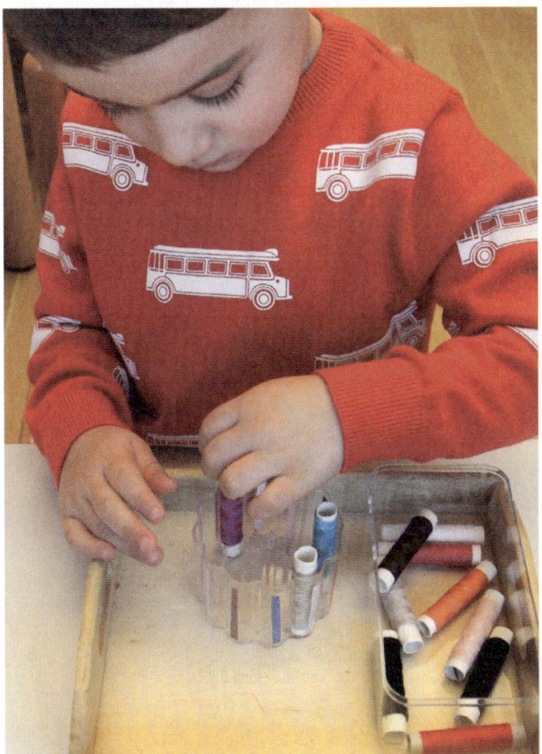

Freunde besuchen

◆ **Material:** Spielfiguren in unterschiedlichen Farben (je 2 rote, gelbe, blaue etc.), kleines Schälchen, selbst hergestellte Vorlagen, Laminiergerät mit Folien, Tablett

Vorher ...

Gestalten Sie Vorlagen (siehe Fotos) in unterschiedlichen Schwierigkeitsstufen. Orientieren Sie sich dabei an den Fähigkeiten der Kinder.

So geht's

Stellen Sie eine Serie der Spielfiguren auf die oberen Kreise. Erklären Sie dem Kind, dass Gelb seinen Freund / seine Freundin Gelb treffen möchte. Fahren Sie mit dem Finger von der oberen gelben Figur entlang der entsprechenden Linie bis zum unteren Kreis. Platzieren Sie dort die zweite gelbe Spielfigur. Verfahren Sie mit einer weiteren Farbe ebenso. Laden Sie nun das Kind ein, weiter zu spielen und die restlichen Freunde einander zuzuordnen.

Die Bonbonkiste

◆ **Material:** Perlen in 5 verschiedenen Farben, Zange, leere Toffifee-Packung, je 3 kleine Kreise in den Farben der Perlen, Kleber, kleines Schälchen, Tablett

Vorher ...

Kleben Sie die kleinen Farbkreise in den Boden der Verpackung. Ordnen Sie sie als Muster oder wahllos an.

So geht's

Nehmen Sie eine beliebige Perle mit der Zange aus dem Schälchen. Suchen Sie die gleiche Farbe in der Verpackung und legen Sie die Perle dort ab. Zeigen Sie dem Kind, wie es eine weitere Perle mit der Zange greift und in die passende Vertiefung ablegt. Lassen Sie es dann die Übung selbstständig fortsetzen.

Info

Diese kleine Übung fördert nicht nur den Farbsinn, sie schult zudem in besonderem Maße die Feinmotorik der Kinder.

YELLOWSTONE
ARTIST POINT

Schäfchenweiß und Kastanienbraun

◆ **Material:** Farbtäfelchen selbst hergestellt oder Montessori-Material, kleine Gegenstände in den Farben der Farbtäfelchen (z. B. braun = Kastanie, gelb = kleine Sonne oder Zitrone, weiß = kleines Schäfchen, rosa = kleines Ferkel etc.), Kästchen, Körbchen, Tablett

So geht's

Legen Sie die Farbtäfelchen auf dem Tisch aus. Benennen Sie mit dem Kind die einzelnen Farben. Laden Sie das Kind dazu ein, die einzelnen Gegenstände aus dem Körbchen nun den passenden Farbtäfelchen zuzuordnen.

Tipp

Legen Sie den Kindern unterschiedliche Früchte (Kiwi, Trauben, Mandarine, Apfel usw.) oder verschiedene Blumen (z. B. Wald- und Wiesenblumen) in kleinen Gläsern bereit, denen sie die Farbtäfelchen zuordnen.

Farbspindeln

◆ **Material:** ca. 1 Meter lange Wollfäden in 4 bis 6 unterschiedlichen Farben, Karten aus festem Karton in den Farben der Wolle, Cutter, Kästchen für die Karten, Box für die Wolle, Tablett

Vorher …

Schneiden Sie in jede Karte mit dem Cutter zwei Schlitze in einander gegenüberliegende Ecken. An den Enden der Wollfäden jeweils einen Knoten machen. Legen Sie die Fäden in die Box, die Kartons in das Kistchen.

So geht's

Nehmen Sie einen beliebigen Karton aus dem Kistchen. Suchen Sie die dazu passende Wolle. Stecken Sie ein Ende des Fadens in einen Schlitz des Kartons. Wickeln Sie nun den Faden langsam um den Karton. Stecken Sie am Ende den Wollfaden in den zweiten Schlitz. Legen Sie den Karton zur Seite. Bitten Sie nun das Kind, tätig zu werden.
Sind alle Wollfäden auf die passenden Kartons gewickelt, werden sie am Ende wieder abgerollt und Kärtchen und Fäden kommen wieder an ihren Platz. So kann das nächste Kind direkt mit der Übung beginnen.

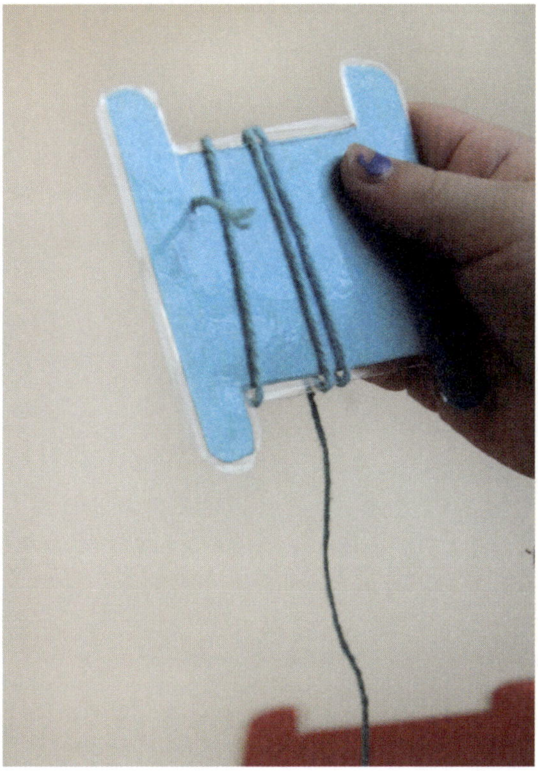

Was stimmt hier nicht?

◆ **Material:** laminierte Vorlagen, kleine Markierungszeichen (z. B. laminierte Punkte), kleines Schälchen, Tablett

Vorher ...

Stellen Sie 3–4 Vorlagen in unterschiedlichen Schwierigkeitsgraden her. Dazu kopieren Sie beispielsweise je zweimal ein Bild aus einem Malbuch. Malen Sie die Bilder bis auf 4–5 Unterschiede gleich bunt an. Kleben Sie die Bilder neben- oder untereinander, sodass die Kinder sie direkt miteinander vergleichen können.

Notieren Sie auf jeder Vorlage, wie viele Fehler sie enthält. Für junge Kinder reichen 3–4 Fehler. Bei älteren Kindern können es bis zu 10 sein.

So geht's

Zeigen Sie dem Kind eine beliebige Vorlage. Vergleichen Sie mit ihm gemeinsam die beiden Bilder. Welche Farben stimmen wo nicht überein? Markieren Sie mit einem kleinen Punkt die Gegenstände, die farblich nicht identisch sind. Suchen Sie mit dem Kind gemeinsam weitere Abweichungen.

Sind alle gefunden, werden die Markierungspunkte wieder in das Schälchen gelegt. Das Kind kann nun allein weiterspielen – mit derselben Vorlage oder mit einer beliebigen anderen.

FEHLER

5 FEHLER

Farben voneinander trennen

◆ **Material:** ca. 12 Spielchips in zwei unterschiedlichen Farben (z. B. 6 blaue und 6 rote), Schüttelbox (z. B. von Montessori-Lernwelten), kleines Schälchen, Tablett

So geht's

Zeigen Sie dem Kind, wie die Schüttelbox geöffnet wird. Wählen Sie gleich viele Spielchips jeder Farbe (z. B. 3 blaue und 3 rote) und legen Sie sie in die Box. Schließen Sie sie. Zeigen Sie dem Kind nun, wie es durch vorsichtiges Schütteln der Dose die Spielmarken nach Farben voneinander trennen kann, sodass z. B. links alle blauen und rechts alle roten Chips liegen.

Tipp

Junge Kinder können mit 2 Spielchips jeder Farbe spielen. Älteren Kindern gelingt es bereits, bis zu 5 je Farbe voneinander zu trennen.

Info

Hier sind vor allem eine gute Augen-Hand-Koordination, Geduld, Konzentration, Ausdauer, Geschicklichkeit und jede Menge Fingerspitzengefühl gefragt, um die Spielchips farblich voneinander zu trennen.

Formen

Dreiecke, Vierecke, Kreise usw. sind geometrische Formen, denen Kinder überall in ihrem Umfeld begegnen. Diese als solche zu erkennen, unabhängig von ihrer Größe, Farbe oder Eigenschaft, ist gerade für junge Kinder noch eine große Herausforderung.

Vor allem für das Lesen und Schreiben und als wesentlicher Bestandteil der Mathematik ist es jedoch wichtig, dass Kinder die unterschiedlichen Formen erkennen, unterscheiden, benennen und aus dem Gedächtnis heraus nachbilden können.

Damit dies immer sicherer gelingt, benötigen sie abwechslungsreiche Angebote, beispielsweise in Form der hier vorgestellten Aktionstabletts. Die Kinder können sich in ihrem eigenen Tempo in unterschiedlichen Aufgabenstellungen mit den Formen vertraut machen und spielerisch ihr Wissen darüber erweitern.

Groß und klein

◆ **Material:** Bleischnur (z. B. aus dem Gardinenfachhandel), fester Karton, Stift, Holzkästchen o. Ä., kleines Schälchen, Tablett

Vorher ...

Schneiden Sie aus festem Karton quadratische Karten zurecht. Zeichnen Sie auf die Karten je einen Kreis. Stellen Sie 4–6 Karten mit Kreisen in unterschiedlichen Größen her. Schneiden Sie die Bleischnur entsprechend der unterschiedlichen Kreise zurecht. Verknoten Sie die Enden, damit die Bleistücke nicht herausfallen.

So geht's

Wählen Sie eine beliebige Karte aus und legen Sie sie vor sich. Nehmen Sie eine Bleischnur und testen Sie, ob sie auf den Kreis passt. Ist sie zu kurz oder zu lang, legen Sie sie zur Seite. Passt sie auf die Form, bleibt sie liegen.
Formen Sie mit einer Bleischnur einen weiteren Kreis nach. Laden Sie nun das Kind ein, tätig zu werden. Sind alle Kreise mit den passenden Bleischnüren nachgelegt, ist das Spiel zu Ende.

Tipp

Natürlich lassen sich auch andere Formen mit der Bleischnur nachlegen. Bieten Sie den Kindern bespielsweise Karten mit unterschiedlich großen Dreiecken, Quadraten oder auch Ovalen an.

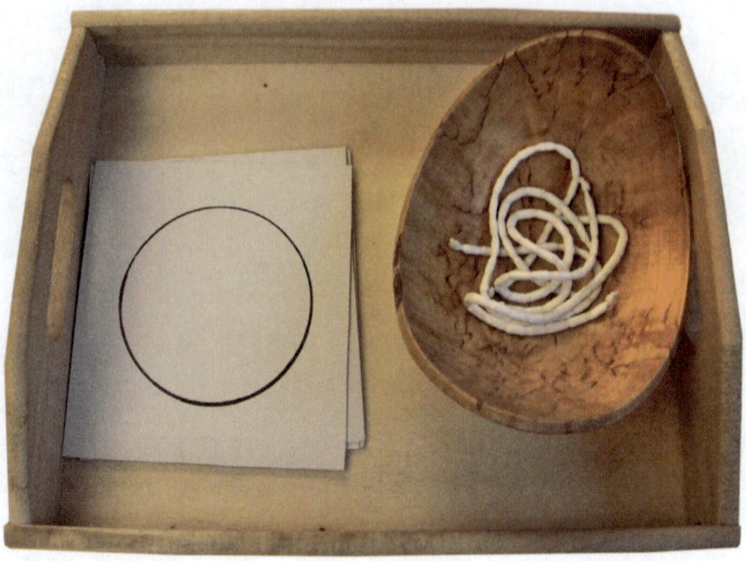

Bitte nachlegen!

◆ **Material:** Holzstäbchen (Bastelbedarf), selbst hergestellte Formenkarten, Döschen, Tablett

Vorher ...

Zeichen Sie unterschiedliche Formen (Quadrat, Dreieck, Raute, Sechseck usw.) auf Karten. Laminieren Sie die Karten bei Bedarf.

So geht's

Wählen Sie eine beliebige Karte und legen Sie sie vor sich. Nehmen Sie Holzstäbchen und legen Sie sie auf die Form. Schieben Sie die Karte zur Seite und laden Sie das Kind dazu ein, tätig zu werden.

Sind alle Karten ausgelegt und belegt, darf kein Holzstäbchen mehr im Kästchen liegen.

Was fehlt denn da?

◆ **Material:** 3–5 kleine Gläser mit Schraubdeckel, geometrische Formen in einer Farbe (z. B. vom Hämmerchen-Spiel), Pappe für Vorlagen, kleines Schälchen, Laminiergerät mit Folie, Tablett

Vorher …

Malen Sie auf quadratische Karten aus Karton jeweils eine der unterschiedlichen geometrischen Form. Laminieren Sie nach Möglichkeit die Karten. Füllen Sie jedes Glas mit den Formen. Achten Sie jedoch darauf, dass in jedem Glas eine Form fehlt. Verschließen Sie die Gläser anschließend.

So geht's

Aufgabe des Kindes ist es, jedem Glas die passende Vorlage zuzuordnen, auf der die im Glas *fehlende* geometrische Form abgebildet ist.

Dazu muss jedes Glas immer wieder genau betrachtet werden, bevor es der entsprechenden Karte zugeordnet werden kann.

Zeigen Sie dem Kind an einem Gläschen, wie es geht. Lassen Sie es dann selbstständig weiterarbeiten.

Info

Hier ist genaues und konzentriertes Beobachten gefragt, damit die Übung gelingt.

Tipp

Wenn Sie die fehlende Form aus Papier oder Pappe unter die Gläser kleben, können die Kinder ihre Arbeit selbstständig kontrollieren.

Welche Form versteckt sich hier?

◆ **Material:** weißes Tonpapier, Bilder aus Zeitschriften, Kleber, Laminiergerät mit Folie, Stifte, Schere, Schälchen, Ständer für die Karten, Wäscheklammern in der Anzahl der Karten, Tablett

Vorher ...

Stellen Sie 8–12 Karten in DIN-A5-Format aus weißem Tonpapier her. Schneiden Sie beispielsweise aus Zeitschriften oder Prospekten Alltagsgegenstände in den vier Formen (Quadrat, Dreieck, Rechteck, Kreis) aus. Kleben Sie auf jede Karte einen Gegenstand. Malen Sie die vier Formen an den unteren Rand der Karten. Am einfachsten, schnellsten und ordentlichsten können Sie die Karten am Computer herstellen. Laminieren Sie die Karten, damit sie lange halten.

So geht's

Nehmen Sie eine beliebige Karte aus dem Ständer und betrachten Sie mit dem Kind den darauf abgebildeten Gegenstand. Welche Grundform hat er?

Nehmen Sie eine Wäscheklammer und klammern Sie sie an die entsprechende Form am unteren Rand der Karte.

Hat das Kind die Aufgabe verstanden, kann es allein weiterspielen. Sind alle Klammern den Formen zugeordnet, ist das Spiel zu Ende und die Klammern kommen wieder zurück in das Schälchen.

Tipp

Kleben oder malen Sie auf die Rückseite jeder Karte die jeweilige Form, um die es geht. So kann das Kind seine Arbeit selbst kontrollieren und gegebenenfalls korrigieren.

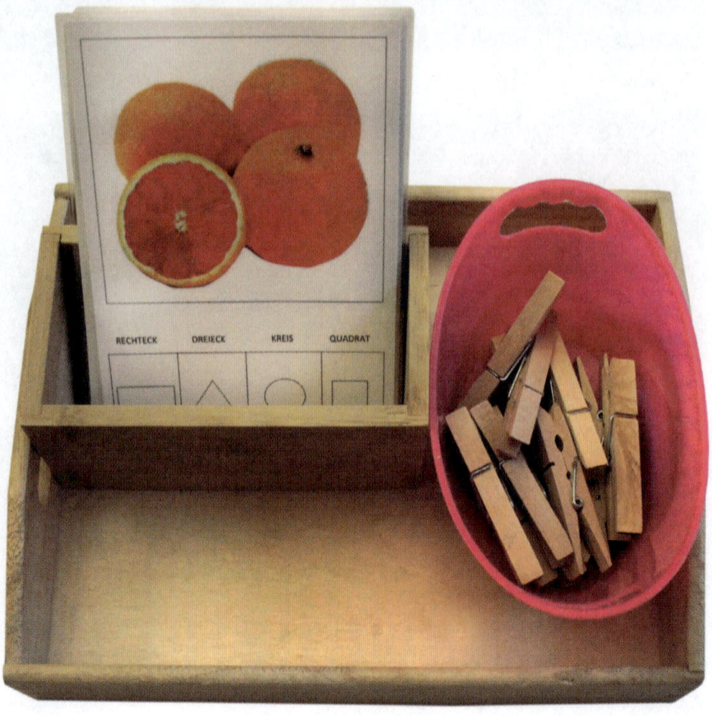

RECHTECK
DREIECK
KREIS
QUADRAT

Drehen, drehen, drehen

◆ **Material:** 9 quadratische Bauklötze, Filzstift, kleine Vorlagen, Laminiergerät mit Folie, Körbchen, Tablett

Vorher …

Zeichnen Sie auf jede Seite der Bauklötze mit einem Filzstift eine geometrische Form. Stellen Sie zu jeder Form eine kleine Karte her und laminieren Sie sie.

So geht's

Nehmen Sie eine beliebige Vorlage (z. B. den Kreis) und schauen Sie sich mit dem Kind die darauf abgebildete Form an. Benennen Sie sie. Suchen Sie dann auf einem beliebigen Würfel die auf der Vorlage aufgemalte Form (den Kreis). Legen Sie sie auf das Tablett / den Tisch. Suchen Sie auf einem weiteren Bauklotz nach der Form und legen Sie sie neben die erste.
Beziehen Sie dann das Kind in die Übung mit ein, bis es sie schließlich allein durchführt.
Liegen alle Bauklötze mit dem Kreis nach oben, ist die Übung beendet. Das Kind sucht sich eine neue Form aus oder räumt das Material wieder zurück auf das Tablett.

Ab in die Dosen

◆ **Material:** 4 kleine Dosen in unterschiedlichen Formen (Kreis, Rechteck, Quadrat, Dreieck), Material in unterschiedlichen Farben (z. B. Filz, Wellpappe, Moosgummi, Tonkarton usw.), Kistchen, Tablett

Vorher ...

Schneiden Sie aus den Materialien jeweils 6- bis 8-mal die Grundformen aus.

So geht's

Stellen Sie die Dosen vor sich. Nehmen Sie eine beliebige Form und suchen Sie die dazu passende Dose. Legen Sie die Form in die Dose. Verfahren Sie mit weiteren zwei bis drei Formen ebenso. Bitten Sie nun das Kind, tätig zu werden.

Sind alle Formen den Dosen zugeordnet, werden sie wieder zurück in das Kistchen gelegt, damit das nächste Kind direkt damit arbeiten kann.

Tipp

Ältere Kinder können die Übung auch mit geschlossenen Augen oder einer Augenbinde durchführen. Dann ist sie noch ein wenig anspruchsvoller und schult zusätzlich den Tastsinn.

Formen prickeln

◆ **Material:** 3–4 kleine Korkplatten (z. B. Glasuntersetzer), dicker Filzstift, Lineal, Prickelnadel, kleine Schachtel, vorgeschnittenes Papier, Klebestift, farbiges Papier (zum Aufkleben), Tablett

Vorher ...

Malen Sie mit dem Filzstift auf jede Korkplatte eine Form (z. B. Kreis, Quadrat, Dreieck, Rechteck). Sie können dazu beide Seiten der Untersetzer nutzen. Suchen Sie Papier, das dünn genug ist, damit die Kinder die Form sehen können, wenn sie es auf die Korkplatte legen.

So geht's

Wählen Sie eine Korkplatte aus und legen Sie sie vor sich. Zeigen Sie dem Kind, wie es das Papier auflegt, es festhält und die Form ausprickelt. Lassen Sie es dann tätig werden.
Ist die Form ausgeprickelt, kann das Kind sie z. B. auf ein farbiges Papier aufkleben oder in ein kleines, selbst hergestelltes Formenheft kleben.

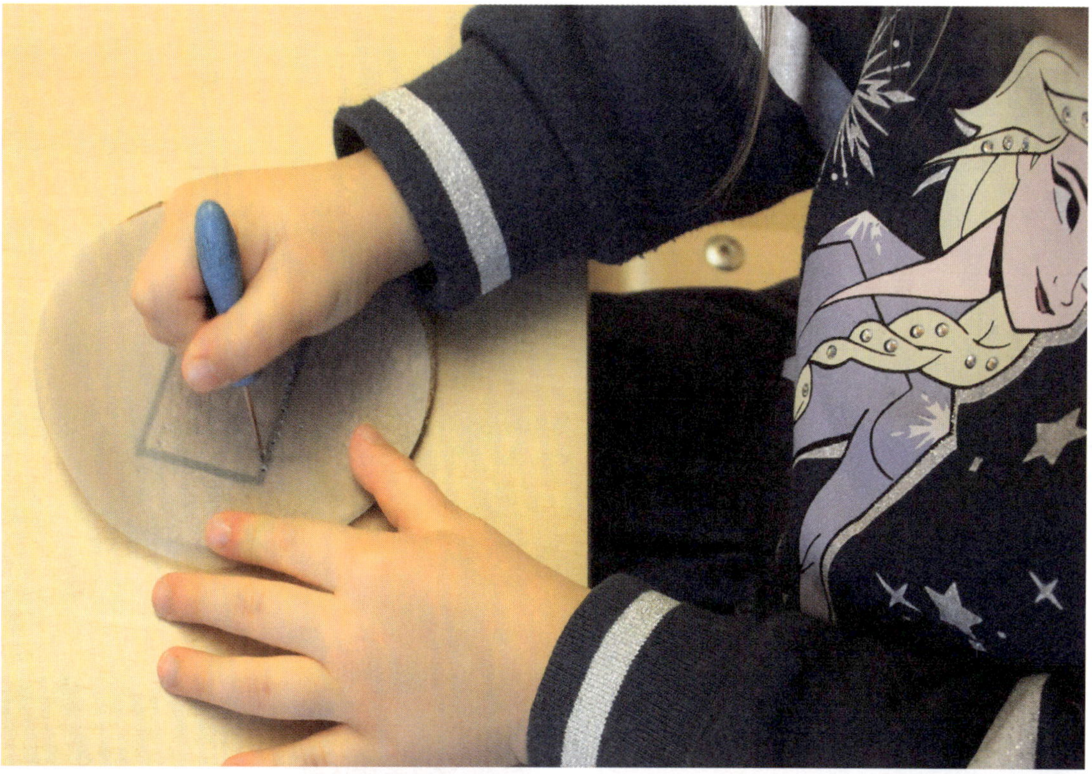

Stein auf Stein

◆ **Material:** Bauklötze in verschiedenen Formen, selbst hergestellte Vorlagen, Laminiergerät mit Folien, Körbchen, Kästchen, Tablett

Vorher ...

Bauen Sie mit den Bauklötzen unterschiedliche Figuren. Fotografieren Sie sie und stellen Sie Karten aus den Fotos her.

So geht's

Wählen Sie eine Vorlage aus und legen Sie sie auf den Tisch. Machen Sie das Kind auf die einzelnen Formen aufmerksam und benennen Sie sie dabei. Zeigen Sie ihm, wie es die auf der Karte vorgegebene Figur nachbaut.

Laden Sie das Kind dazu ein, eine weitere Vorlage auszusuchen und nachzubauen.

Formen zuordnen

◆ **Material:** kleine Gegenstände in unterschiedlichen Formen (z. B. Knopf, Würfel, Duplostein etc.), Körbchen, Vorlagen mit aufgemalten Formen, Laminiergerät mit Folie, Tastbeutel, Tablett

So geht's

Bitten Sie das Kind, alle Gegenstände in den Tastbeutel zu geben.

Wählen Sie eine Vorlage aus (z. B. Rechteck) und legen Sie sie vor sich. Greifen Sie in den Tastbeutel und ertasten Sie einen Gegenstand in der entsprechenden Form (z. B. Duplostein). Nehmen Sie ihn aus dem Beutel und legen Sie ihn unter die Vorlage. Greifen Sie erneut in den Beutel und suchen Sie weitere Gegenstände entsprechend der Vorlage heraus (z. B. Würfel, Memorykarte, Bauklötzchen).

Bitten Sie nun das Kind, eine weitere Vorlage zu wählen und aus dem Tastbeutel die passenden Gegenstände herauszusuchen.

Das Spiel ist beendet, wenn alle Gegenstände aus dem Beutel den entsprechenden Vorlagen zugeordnet sind.

Variation

Das Kind legt alle Vorlagen aus. Es greift in den Beutel, zieht einen Gegenstand heraus und ordnet ihn der passenden Vorlage zu.

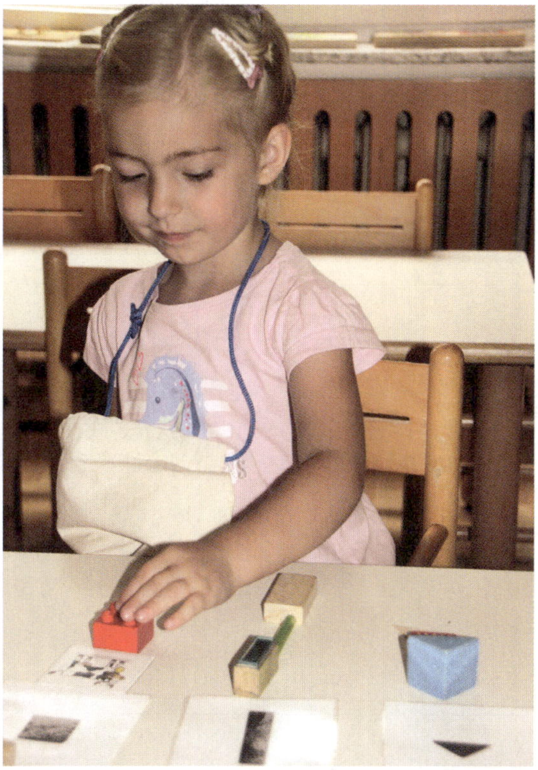

Muster und Reihenfolgen

Ob gepunktet, kariert, gestreift oder gewellt – Muster und Reihenfolgen üben durch ihre sich wiederholende Struktur auf Kinder eine große Faszination aus. Schließlich sind sie, so wie Farben und Formen, überall in unserem Umfeld zu sehen. Kinder finden sie auf der Kleidung, auf dem Teppich, der Tischdecke, dem Gehweg, in der Blume etc.

Sie zu entdecken ist eine wichtige Voraussetzung, um beispielsweise Zusammenhänge in der Mathematik verstehen zu können. Schließlich bestehen mathematische Regeln aus Regelmäßigkeiten und Mustern.

Damit Kinder sich darin üben können, die Strukturen und Zyklen von Mustern und Reihenfolgen zu erkennen, sie nachzulegen, fortzusetzen und eigene Muster zu entwerfen, benötigen sie abwechslungsreiches Material zum Üben. Einige Ideen hierzu stelle ich Ihnen mit den nun folgenden Aktionstabletts vor.

Muster ertasten

◆ **Material:** Sandpapier, Schere, Kleber, rechteckige Bauklötze, Augenbinden, Tablett

Vorher ...

Schneiden Sie aus dem Sandpapier unterschiedliche Formen aus. Kleben Sie diese nebeneinander in beliebiger Folge auf die länglichen Bauklötze.

Hinweis

Diese Übung wird am besten mit einer Augenbinde durchgeführt. Achten Sie darauf, dass jedes Kind eine eigene hat (Ansteckungsgefahr) und sie in der Eigentumsschublade aufbewahrt. Alternativ können die Kinder während des Spiels die Augen schließen.

So geht's

Nehmen Sie einen beliebigen Bauklotz. Benennen Sie die Formen und zeigen Sie dem Kind, wie es sie mit den Fingerspitzen ertasten kann.
Ziehen Sie sich dann die Augenbinde über. Nehmen Sie einen Bauklotz vom Tablett. Ertasten Sie die darauf geklebten Formen. Nehmen Sie einen weiteren Bauklotz und ertasten Sie auch hier die einzelnen Formen. Entsprechen Sie dem ersten Bauklotz, legen Sie beide Steinen nebeneinander, und zwar so, dass das Muster fortgeführt wird. Passt der Bauklotz nicht, suchen Sie weiter, bis Sie den richtigen gefunden haben. Ziehen Sie die Augenbinde ab und machen Sie das Kind auf das fortlaufende Muster aufmerksam. Laden Sie es ein, die Arbeit auszuführen.

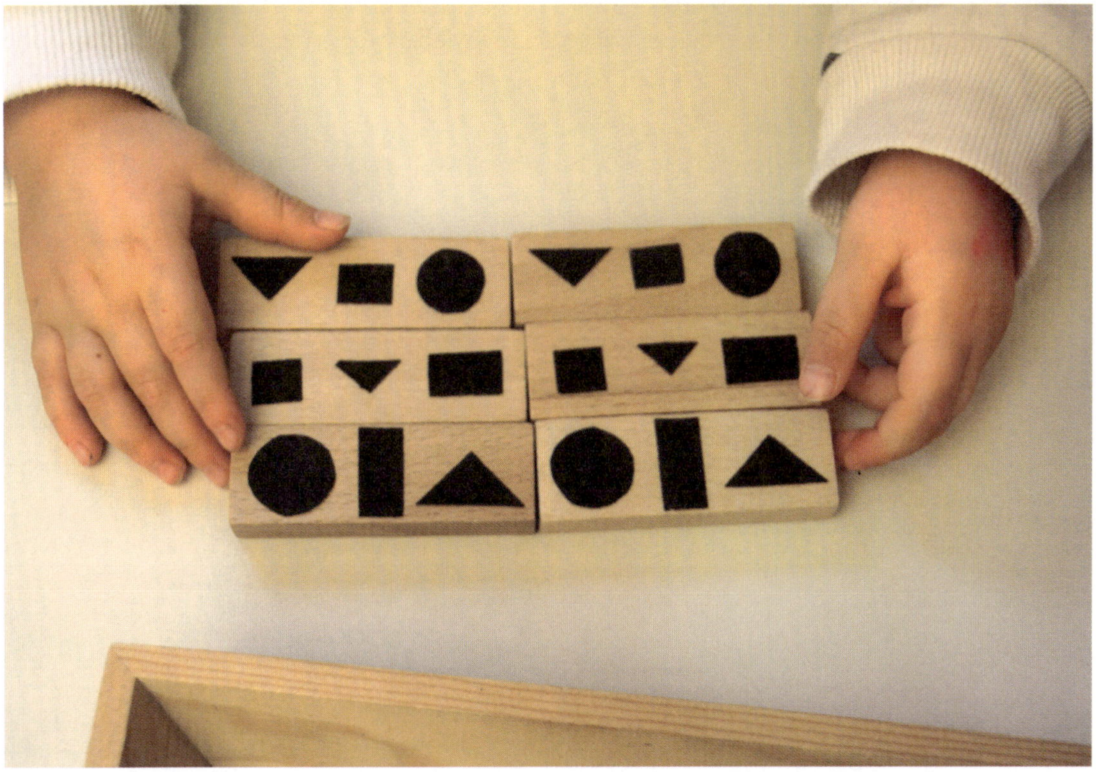

Gepunktet, gestreift und kariert

◆ **Material:** Stoffe mit unterschiedlichen Mustern (z. B. Punkte, Streifen, Karos), Zickzackschere, selbst hergestellte Vorlagen, Laminiergerät mit Folie, Kasten für die Vorlagen, kleines Körbchen für die Stoffe, Tablett

Vorher ...

Schneiden Sie aus den Stoffen gleich große Stücke aus. Stellen Sie zu jedem Muster (gestreift, gepunktet, kariert usw.) eine kleine Vorlage her. Malen Sie dazu das Muster auf ein kleines Pappkärtchen und laminieren Sie die Karten.

So geht's

Nehmen Sie die Vorlagenkärtchen und schauen Sie sie sich gemeinsam mit dem Kind an. Benennen Sie die einzelnen Muster, z. B.: „Das ist ein Karomuster. Das ist ein Streifenmuster." Machen Sie das Kind auf die Unterschiede aufmerksam. Legen Sie die Karten in einer Reihe nebeneinander aus.

Nehmen Sie dann ein Stoffstück und beschreiben Sie es kurz. Ordnen Sie es der passenden Vorlage zu.

Bitten Sie nun das Kind, tätig zu werden. Lassen Sie es einen Stoff auswählen, das dargestellte Muster benennen und zu der entsprechenden Vorlage legen.

Sind alle Stoffe zugeordnet, werden die Materialien wieder weggeräumt. Das Kind kann die Übung wiederholen oder das Tablett zurück an seinen Platz bringen.

Wattestäbchen-Muster

◆ **Material:** Wattestäbchen, Wasserfarben, kleine Gläschen o. Ä. in der Anzahl der Farben, großes Tablett

Vorher ...

Färben Sie die Wattestäbchen in verschiedenen Farben. Das geht am einfachsten mit Wasserfarben. Sortieren Sie die Stäbchen in kleine Gläser.

So geht's

Zeigen Sie dem Kind die Wattestäbchen und lassen Sie es die einzelnen Farben benennen. Zeigen Sie ihm dann, wie es mit den Wattestäbchen ein Muster gestalten kann. Der Fantasie sind dabei (fast) keine Grenzen gesetzt.

Variation

Legen Sie mit den Wattestäbchen Muster und fotografieren Sie sie. Stellen Sie den Kindern die Vorlagen zum Nachlegen zur Verfügung.

Wie geht es weiter?

◆ **Material:** 5–8 Pappstreifen, geometrische Formen (z. B. Stempel), Kleber, Laminiergerät mit Folie, 5–8 Wäscheklammern, Schälchen, Tablett

Vorher ...

Malen Sie ca. 5–8 Formen nebeneinander auf die Pappstreifen (z. B. Dreieck, Quadrat, Rechteck – Dreieck, Quadrat, Rechteck ...). Am Ende des Pappstreifens muss genügend Platz sein, um eine Wäscheklammer mit einem entsprechend der Vorlage aufgeklebten Bild anheften zu können. Kleben Sie auf die Rückseite des Streifens am Ende das fehlende Bild (= Fehlerkontrolle). Laminieren Sie die Pappstreifen und die Bilder.

So geht's

Nehmen Sie einen Streifen. Betrachten und benennen Sie mit dem Kind die darauf abgebildeten Formen.

Machen Sie das Kind auf die Reihenfolge der Bilder aufmerksam. Wie geht es weiter? Das Kind sucht die Wäscheklammer mit der entsprechenden Form und klammert sie an den Pappstreifen.

Zeigen Sie ihm, wie es kontrollieren kann, ob es das richtige Bild gewählt hat (Fehlerkontrolle auf der Rückseite des Streifens).

Sind alle Klammern zugeordnet, ist die Übung beendet. Das Kind wiederholt die Übung oder bringt das Tablett wieder an seinen Platz im Regal.

Tipp

Passen Sie die Übung den Kindern an, indem Sie die Pappstreifen in unterschiedlichen Schwierigkeitsstufen gestalten.

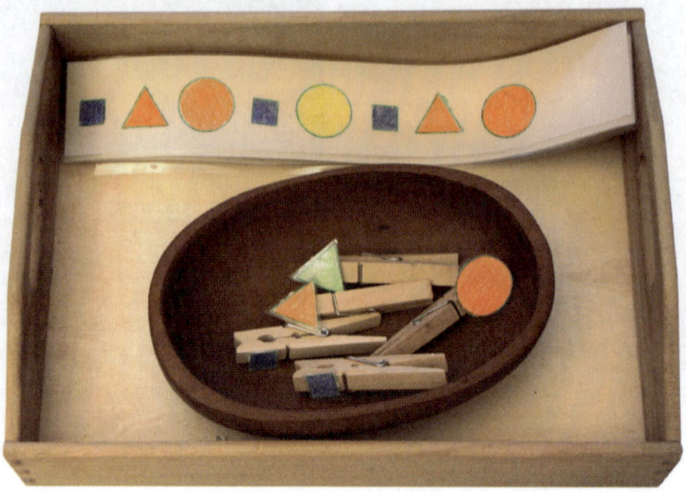

Mandala legen

◆ **Material:** selbst gestaltete Vorlage aus Tonpapier, Legematerial (z. B. Moosgummi-Formen), Schälchen, Laminiergerät mit Folie, Tablett

Vorher ...

Zeichnen Sie einen großen Kreis auf Papier und schneiden Sie ihn aus.
Gestalten Sie auf der einen Seite des Kreises ein rundes Muster mit den Formen. Hier können Sie die Formen ohne Farbe lassen (= Vorlage 1).
Malen Sie auf der anderen Seite aus den Formen ebenfalls ein Muster und malen Sie die Formen bunt aus (= Vorlage 2).
Somit haben die Kinder unterschiedliche Schwierigkeitsstufen (Vorlage 1 = nur Form, Vorlage 2 = Form und Farbe) und unterschiedliche Gestaltungsmöglichkeiten. Laminieren Sie das Papier.

So geht's

Legen Sie den Kreis (z. B. = Vorlage 1) vor sich. Beginnen Sie, das Muster von außen nach innen oder von innen nach außen entsprechend der aufgemalten Formen zu füllen. Laden Sie das Kind dazu ein, Ihnen die passenden Formen zu geben. Benennen Sie dabei die Formen. Beziehen Sie das Kind mehr und mehr in die Aufgabe mit ein. Hat es verstanden, worum es geht, kann es allein weiterarbeiten.
Ist das Mandala fertig gestaltet, werden alle Materialien wieder zurück in das Schälchen gelegt. Verfahren Sie mit der zweiten Vorlage ebenso. Hier müssen Form und Farbe dem Muster entsprechen.

Drachenschwänze

◆ **Material:** 6–8 Vorlagen, geometrische Formen, Laminiergerät mit Folie, Schälchen, Tablett

Vorher ...

Malen Sie auf Tonpapier kleine Drachen mit langen Schnüren. Zeichnen Sie auf die Drachenschwänze den Anfang unterschiedlicher Formen-Folgen. Laminieren Sie die Vorlagen.

So geht's

Nehmen Sie eine Vorlage, die zu dem Entwicklungsstand des Kindes passt, und legen Sie sie vor sich. Machen Sie das Kind auf die unterschiedlichen Formen aufmerksam, mit denen der Drachenschwanz verziert ist. Suchen Sie die erste Form aus dem Schälchen und legen Sie sie auf die Vorlage. Bitten Sie das Kind, die Arbeit fortzusetzen. Sind alle aufgezeichneten Formen aufgelegt, überlegen Sie mit dem Kind, wie die Musterfolge nun wohl weitergeht.
Ist die Drachenschnur mit allen möglichen Formfolgen gefüllt, bitten Sie das Kind, die Arbeit fortzusetzen.
Sind alle Formen aufgelegt, kann das Kind die Übung beenden oder eine weitere Vorlage gestalten.

Tipp

Gestalten Sie die Drachenschwänze in unterschiedlichen Schwierigkeitsgraden. Dann ist das Spiel für alle Kinder interessant.

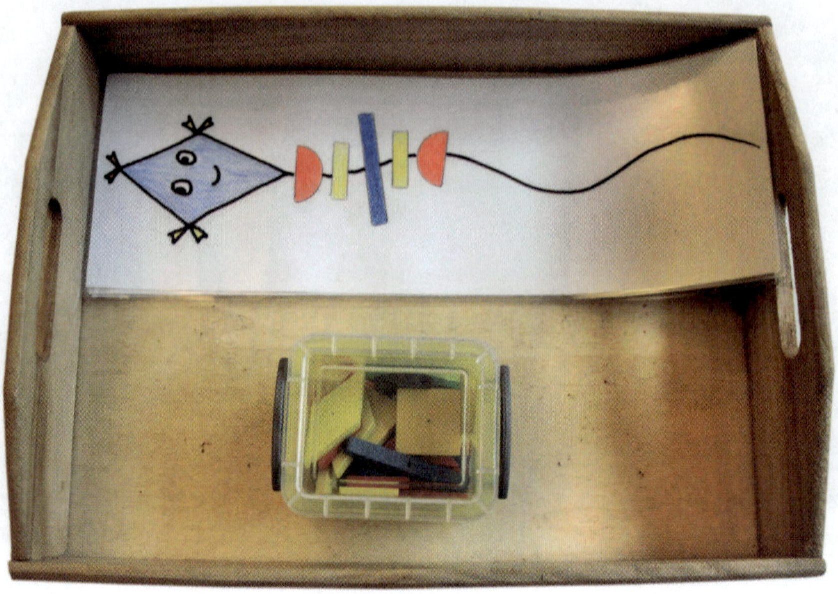

Muster-Puzzles

◆ **Material:** 3–4 Papiere mit Mustern (Geschenkpapier, Tapeten etc.), 3–4 kleine Kästchen, Kleber, Fotokarton, Tablett

Vorher ...

Schneiden Sie aus dem Fotokarton Rechtecke. Bekleben Sie jedes Rechteck mit einem der Muster-Papiere. Zerschneiden Sie anschließend jedes Rechteck in 6–8 Teile. Kleben Sie auf die Kästchen jeweils eines der Muster. Geben Sie die passenden Puzzles in die Kästchen.

So geht's

Wählen Sie ein beliebiges Kästchen aus. Zeigen Sie dem Kind das Muster auf dem Deckel des Kästchens und sprechen Sie mit ihm darüber.
Öffnen Sie das Kästchen, nehmen Sie die Puzzleteile heraus und beginnen Sie mit dem Puzzeln. Das Kind kann Ihnen dabei helfen. Überlassen Sie ihm mehr und mehr das Spiel. Ist das Puzzle fertig, kann das Kind sich ein neues Muster aussuchen oder die Arbeit wegräumen.

Tipp

Passen Sie die Puzzles dem Entwicklungsstand der Kinder an, d. h. zerschneiden Sie die Muster in mehr oder weniger viele Teile.

Tropfen für Tropfen

◆ **Material:** Lebensmittelfarben, Wasser, kleine Gläschen/Fläschchen, Pipetten in der Anzahl der Gläschen/Fläschchen, Klarsichthüllen, wasserfester Stift, runde Spiegelkachel, Tuch, Tablett

Vorher ...

Stellen Sie 3–4 Mandala-Vorlagen her. Schneiden Sie dazu die Folien in der Größe der Kacheln zurecht. Malen Sie mit einem wasserfesten Stift auf die Klarsichthüllen in der Größe der Spiegelkacheln Mandalas aus Punkten. Färben Sie das Wasser mit den Lebensmittelfarben.

Tipp

Haben die Kinder bisher noch nicht mit einer Pipette gearbeitet, sollten Sie ihnen zuvor zeigen, wie sie damit umgehen müssen.

So geht's

Wählen Sie eine Vorlage aus. Legen Sie sie auf die Spiegelkachel. Nehmen Sie mit einer Pipette Wasser auf und geben Sie einige Tropfen auf die vorgemalten Kreise. Füllen Sie nach und nach das Mandala-Muster in unterschiedlichen Farben aus.
Am Ende wischen Sie das Wasser mit dem Tuch weg. Legen Sie die Folie zurück auf das Tablett. Laden Sie das Kind dazu ein, sich selbst eine Folie auszusuchen und das darauf abgebildete Mandala zu gestalten.

Info

Mit dieser kleinen Übung trainieren die Kinder insbesondere den Pinzettengriff und ihre Feinmotorik.

Spielerisch lernen

Jutta Bläsius: Motorik fördern mit Aktionstabletts
64 Seiten | Geheftet
ISBN 978-3-451-38599-5

Die Idee ist so überraschend wie einfach: Auf kleinstem Raum – einem Tablett – werden wenige, sorgfältig ausgewählte Materialien zum Spielen und selbstständigen Lernen präsentiert. 26 Aktionstabletts laden die Kinder ein zum kreativen Spielen mit Händen und Füßen, mit Lippen und Zunge. Hier geht's um die Förderung der Feinmotorik – ganz ohne Trainingsstress!

Jutta Bläsius: Spielen mit Aktionstabletts. Tabletts zum Experimentieren, Gestalten und Entspannen
64 Seiten | Geheftet
ISBN 978-3-451-37957-4

Einfach mal allein spielen! Die Arbeit mit einem Aktionstablett ermöglicht es dem Kind, sich aus dem Trubel des Alltags zurückzuziehen und ganz individuell Zeit für sich zu nutzen. 26 Aktionstabletts zum Experimentieren, Gestalten oder zum Entspannen fördern die Selbstständigkeit und stärken das Selbstvertrauen der Kinder – und bieten jede Menge Spielspaß.

Jutta Bläsius: Den Alltag spielen. Kleine Übungen des praktischen Lebens nach Maria Montessori
64 Seiten | Geheftet
ISBN 978-3-451-38432-5

Den Tisch decken, Blumen gießen, aufräumen – was die Kinder bei den Großen sehen, möchten sie gern selbst ausprobieren. Mit spielerischen Impulsen und einfachen Angeboten können Erwachsene die Eroberung des Alltags unterstützen – in der Kita oder zu Hause. Schritt-für-Schritt-Anleitungen geben praktische Impulse von Anziehen bis Zimmerpflanzen pflegen.

In jeder Buchhandlung!

HERDER

www.herder.de